Ricarda Paech

So ist die Liebe ...
... manchmal

Gedichtband

Bibliografische Information der Deutschen
Nationalbibliothek

Die Deutsche Nationalbibliothek verzeichnet diese
Publikation in der
Deutschen Nationalbibliografie;
detaillierte bibliografische Daten sind
im Internet über http://dnb.d-nb.de abrufbar.

© 2014 by Ricarda Paech
Verlag: tredition GmbH, Hamburg

ISBN: 978-3-8491-2063-4
Printed in Germany

Für alle, die an die Liebe glauben!

**„Die Liebe ist das Einzige, wofür es sich
zu leben lohnt!"**

„Die Liebe ist eine Reise in ein
unbekanntes Land!
Man muss den Mut haben, alles
hinter sich zu lassen ohne zu
wissen, was vor einem liegt!"

(Weisheit)

Traumtänzerball

Ich kann Sterne umarmen und auf Regenbögen wandern
und jeden neuen Tag such ich mir einen Andern,
der in tausend Farben strahlt
und den Himmel bunt anmalt,
ich kann auf Wolken gehen und im Sonnenschein,
holen mich meine Träume wieder ein,
Schmetterlinge lachen mich an,
weil ich noch leben kann!

Traumtänzerball,
lass mich tanzen heute Nacht,
bis uns der Morgen anlacht!
Traumtänzerball,
lass mich träumen heute Nacht,
bis der Morgen erwacht!

Ich kann mit Tieren sprechen und sie auch verstehen,
Fabelwesen und versunkene Städte sehen,
tanzen auf Blumenwiesen, die farbenfroh,
beleuchten mich und mein Leben sowieso,
ich kann auf Wellen reiten und küsse den Wind,
weil wir mit Seifenblasen wie Träumer sind
und Dinge sehen, die es vielleicht nicht gibt,
doch in diese Welt bin ich verliebt!

Mondlos

Der Himmel voller Sterne,
Du, in naher Ferne,
die Kälte der Nacht,
der Mond, der wacht,
da kann ich meine Augen schließen
und das Rauschen des Meeres genießen!
Alle Sinne auf Ruhe eingestellt,
das sind die kleinen Dinge der Welt!
Doch als ich zu den Sternen sah,
war der Mond gar nicht mehr da,
ich suchte ihn und fand ihn nicht,
doch dafür traf ich Dich!
Mondlos war diese Nacht
und trotzdem hab ich gedacht,
dieser Moment ist schön
und soll nie mehr vergehen!

Mondlos bin ich ohne Dich,
denn der Mond gehört zur Nacht,
wie fühlst Du denn ohne mich,
hab ich so manches Mal gedacht!
Bin ich Dein Stern am Himmelszelt
oder nur ein Komet, der erscheint und verglüht?
Bin ich für Dich die ganze Welt
oder nur die Rose, die verblüht?
Mondlos bin ich ohne Dich!

Lieber Mond, ich bitte Dich,
verlieb Dich nicht in mich,
lass mich nicht als Stern Dich spüren,
ich lass Dich nicht mein Herz berühren!
Du bist viel kälter noch als Eis
und alles, was ich weiß,
mondsüchtig werd ich niemals sein,
lass mich hier, lass mich allein!
Diese Nacht hat ohne Mond gelebt,
die Erde hat nicht mal gebebt,
sie hat's still schweigend hingenommen,
die Tränen sind ins Meer geschwommen!
Hab nie zuvor Dunkelheit ohne Mondlicht gesehen,
so weit, so klar, so tief, so schön
und musste doch begreifen,
mein Blick wird ewig zu den Sternen schweifen!

Tausend Tränen tief

Das Licht des Mondes lässt mich hoffen,
Du lässt mir tausend Fragen offen,
nur im Schlaf erscheint die gute Fee,
sag tausend Mal der Märchenwelt „Ade",
denn tausend Kriege bedrohen die Welt,
kannst Du leben, wie es Dir gefällt?
Wenn tausend Mächte kämpfen, gegen Wahn und Zeit,
bist Du dann noch für die Liebe bereit?
Hast Du tausend Ängste überwunden
und den Weg zum Ziel gefunden?
Alles tausend Mal erlebt, geliebt, gehasst,
wenn Du wieder schlafen gehst, hast Du was verpasst!
Liebst Du mich, wie tausend Mal zuvor
oder verschwindest Du durch das dunkle Tor?

Tausend Tränen tief
und versunken im Meer,
wenn ich nach Dir rief,
kamst Du nicht mal mehr!
Tausend Lügen nah,
auf Deinem Weg zu mir,
ich war für Dich da,
für Dich war's nur ein Spiel!
Tausend Träume weit,
war ich entfernt von Dir,
denn Du hattest nie Zeit,
für tausend Tränen tief in mir!

Tausend Stürme bringen Wind und Regen,
kann ich Dir immer noch vergeben,
wenn Du tausend Mal das Gleiche sagst
und doch nicht, nach dem Sinn Dich fragst?
Wenn tausend Seelen wandern,
such ich mir einen Andern,
denn tausend Nächte reichen nicht,
für die Schatten auf Deinem Gesicht!
Mehr als tausend Blicke treffen mich,
ich spüre, ich verliere Dich!
Um tausend Tode doch zu überstehen,
werde ich durchs Feuer gehen,
denn erst wenn tausend Lichter brennen,
werde ich Dich wirklich kennen!

Tausend Tränen tief
und versunken im Meer,
wenn ich nach Dir rief,
kamst Du nicht mal mehr!
Tausend Lügen nah,
auf Deinem Weg zu mir,
ich war für Dich da,
für Dich war's nur ein Spiel!
Tausend Träume weit,
war ich entfernt von Dir,
denn Du hattest nie Zeit,
für tausend Tränen tief in mir!

Gänseblümchen

Ein junges Mädchen voller Glück,
zieht sich auf eine Wiese zurück,
sie ist verliebt zum ersten Mal,
doch es ist auch eine Qual,
denn sie weiß nicht, ob er sie liebt
und ihr jemals alles gibt!
Sie lief durch die Nacht
und hat leise gelacht,
als sie die Gänseblümchen sah,
war ihr auch das Schicksal klar!

„Er liebt mich, er liebt mich nicht!",
ein Gänseblümchen bringt es ans Licht,
ich zupfe Blatt für Blatt,
das Geheimnis ab,
nur der Mond schaut dabei zu
und alles was ich will, bist Du!

Das Mädchen wurde älter,
das Herz wurde kälter,
denn die erste Liebe war vorbei
und sie war wieder frei!
Doch das hielt nicht lange an,
bald traf sie einen neuen Mann
und verliebte sich ganz schnell,
die Sterne schienen wieder hell,
als sie das Gänseblümchen fragte,
das ihr die Antwort sagte!

„Er liebt mich, er liebt mich nicht!",
ein Gänseblümchen bringt es ans Licht,
ich zupfe Blatt für Blatt,
das Geheimnis ab,
nur der Mond schaut dabei zu
und alles was ich will, bist Du!

Das Mädchen wurde eine Frau
und weiß heute sehr genau,
das man nicht jede Liebe halten kann,
wieder war sie ohne Mann!
So ist das nun mal im Leben,
doch es hat soviel zu geben
und so dauerte es nicht lang,
da fing ihr Herz zu brennen an,
Gänseblümchen und die Nacht,
haben sie dieses Mal glücklich gemacht!

Verzeih mir, Wind

Verzeih,
dass meine Flügel Dich nicht tragen,
verzeih,
denn „Ich liebe Dich", kann ich nicht sagen,
verzeih,
dass auch der Mond nicht über Dich wacht,
verzeih,
denn ich hab verlernt, wie man lacht!

Verzeih mir Wind,
dass meine Tränen eisig sind
und kristallklar meine Augen,
doch ich kann es nicht mehr glauben,
dass wir glücklich sind,
darum, verzeih mir, Wind!

Verzeih,
dass meine Blicke Dich nicht sehen,
verzeih,
denn ich kann den Weg nicht mehr gehen,
verzeih,
dass Wind und Stürme Wellen sind,
verzeih,
denn diese Liebe macht mich blind!

Verzeih mir Wind,
dass meine Tränen eisig sind
und kristallklar meine Augen,
doch ich kann es nicht mehr glauben,
dass wir glücklich sind,
darum, verzeih mir, Wind!

Verzeih,
dass alles trotzdem nicht zu Ende ist,
verzeih,
denn ich hab Dich noch vermisst,
verzeih,
dass ich nicht mutig war,
verzeih,
denn Du bist in Gefahr!

Verzeih mir Wind,
dass meine Tränen eisig sind
und kristallklar meine Augen,
doch ich kann es nicht mehr glauben,
dass wir glücklich sind,
darum, verzeih mir, Wind!

Der andere Weg

Ich liebe Dich, doch das weißt Du nicht,
ich sah Dich und Du nur kurz mein Gesicht,
wie ein Regenbogen, den man selten sieht,
wie Regen, der mich zu Dir zieht,
ich versuchte da zu sein, wo Du auch bist
und weiß, dass Du mich nie vermisst!
Hab alles getan, was in meiner Macht stand,
damit Dein Blick zu mir fand,
doch was immer es war, es reichte nie,
denn entscheidend war wohl das „Wie"!

Nun tue ich nichts mehr,
ich lasse geschehen,
es fällt mir schwer,
doch Du wirst schon sehen
und wenn das Schicksal uns auch so zusammen führt,
hat dieser andere Weg zum Sieg geführt!

Ich war verzweifelt, was sollte ich machen,
ich liebe Dich und Dein Lachen!
Hab still gebetet, Tag für Tag,
weiß nicht, was ich alles zu Dir sag,
sollte eines Tages Dein Herz lauter schlagen
und Du „Hallo" zu mir sagen!
Meine Gedanken sind täglich bei Dir,
in Träumen bist Du immer hier
und bevor die Sonne untergeht,
gibt die Liebe ein Zeichen, sie versteht!

Nun tue ich nichts mehr,
ich lasse geschehen,
es fällt mir schwer,
doch Du wirst schon sehen
und wenn das Schicksal uns auch so zusammen führt,
hat dieser andere Weg zum Sieg geführt!

Wenn es das Richtige ist, wird es geschehen!

Das Meer in mir

Am Meer bin ich schon oft gewesen,
hab in Wolken und Sternen gelesen,
was die Zukunft mir wohl bringen mag,
hab davon geträumt an so manchem Tag,
ließ den Sand durch meine Finger rinnen,
sah, auf dem Rücken liegend, manche Nacht beginnen,
spürte tief die klare Luft, das Leben
und fragte es: „Was hast Du zu geben?"

Das Meer raunt Deinen Namen
und zeigt so kein Erbarmen,
spült mit jeder Welle die Erinnerung zurück
und schenkt mir diesen eisig-blauen Blick!

Am Meer hab ich schon oft geweint,
hab einfach da gesessen und geträumt,
der Morgenwind hat mich wach geküsst
und ich hab immer Dich vermisst!
Mal sanft und leise, ruhig und still,
mal stürmisch und wild, zeigst Du mir, was ich will!
Ich tanze in Deinen Fluten in die Zukunft hinein
und kann doch nicht vergessen, will bei Dir sein!

Das Meer raunt Deinen Namen
und zeigt so kein Erbarmen,
spült mit jeder Welle die Erinnerung zurück
und schenkt mir diesen eisig-blauen Blick!

Das Meer in mir bist Du!

Über Deinen Schatten

Nur eine Nacht
hat alles durcheinander gebracht,
Liebe und Glück
fanden keinen Weg zurück,
zu groß der Zorn
und nun Dein Blick nach vorn!

Du könntest springen, über Deinen Schatten
und wir leben das Leben, dass wir immer hatten,
doch Du hüllst Dich in Schweigen bis zum Morgenrot
und bringst dieser Liebe den sicheren Tod!

Wie im Traum
fühlen wir uns nie und kaum,
Hass und Wut
tun Dir und mir nicht gut,
doch ohne Verzeihen
kannst Du uns nicht befreien!

Mit halbem Herzen

Viele Jahre schon kennt sie ihn,
konnte mit ihm um die Häuser zieh'n,
sein Lachen, seine Ideen hat sie geliebt,
hat Gott gedankt dafür, dass es ihn gibt,
doch an ihnen hat der Zahn der Zeit genagt,
sie haben sich lange nichts mehr gesagt!
Sie schließt die Augen, sie ist allein
und fragt sich; kann das noch Liebe sein?
Lange hat er sie nicht mehr berührt,
lange hat sie ihn nicht mehr verführt,
sie denkt an ihren Mann
und fängt zu begreifen an:

Muscheln soll man am Strand lassen,
Feinde soll man nicht hassen,
der Fisch braucht das Meer,
Hoffnung gibt man nicht her,
die Lüge hat ein schönes Gesicht
und mit halbem Herzen liebt man nicht!

Sie denkt an die Stunden voll Glück
und an die Traurigkeit zurück,
lange war ihr Herz schon in Gefahr,
lange hielt sie fest, was nicht zu retten war,
die Illusion alles wird gut,
nahm ihr, als nichts gut wurde, den Mut!
Sie hat verstanden, dass sie so nicht leben kann,
nicht in diesem Leben mit diesem Mann!
Noch mal denkt sie an die Vergangenheit,
zu bereuen ist nichts, es war die Zeit!
Von dieser Liebe ist nichts als Erinnerung geblieben,
doch sie weiß, sie wird sich neu verlieben!

Ich liebe niemanden

Wir lernten uns kennen vor langer Zeit,
für Liebe warst nur Du bereit,
ich verließ Dich, es ging nicht mehr
und es fiel mir nicht sehr schwer!
Nun haben wir uns wieder gesehen,
mein Verhalten konntest Du nie verstehen,
hast mich geliebt, alles gegeben,
doch ich verschwand aus Deinem Leben!
Heute lächeln Deine Augen wieder,
Du tanzt noch zu den gleichen Liedern
und freust Dich auf mich,
doch auch heut enttäusch ich Dich!
Du fragst nach dem Schlüssel zu meinem Herzen,
ich sag: „Nirgendwo! Es durchlitt zu viele Schmerzen!",
Du sagst: „Das kenn ich auch,
ein Scheiß-Gefühl im Bauch,
doch ich weiß, dass die Zeit
auch Deine Wunden heilt!"

Glaubst Du mir,
wenn ich sage: „Ich liebe niemanden!",
Liebe ist was für die Anderen,
doch nicht für mich,
denn ich liebe nicht!

Mitleidig siehst Du mich an,
so mitleidig, wie man nur schauen kann,
„Ich glaub Dir nicht!", höre ich,
ich glaub, Du kennst mich nicht!
Mein Herz brach mal in tausend Splitter,
nun sperr ich es hinter Gitter
und den Schlüssel hab ich so gut versteckt,
das ihn niemand mehr entdeckt!
Dein Blick drückt jetzt Erstaunen aus,
denn ich schrie das laut heraus,
wenn Du's immer noch nicht verstehen kannst,
ich hab einfach Angst
und glaub, das keine Zeit,
meine tiefen Wunden heilt!
Du drehst Dich um und willst gehen,
meine Worte kannst Du nicht verstehen!
Hättest Du nur nie gefragt,
denn ich hab die Wahrheit gesagt!

Wer flüstert, der lügt

Der Morgen ist schon erwacht,
nach einer langen Nacht,
mich quälen viele Fragen,
doch keiner kann mir sagen,
wie es irgendwann mal weitergeht,
doch ich weiß, dass mich das Meer versteht!
Barfuß laufe ich zum Strand
und spüre den kalten Sand,
ich hab Sehnsucht nach Dir,
doch der Wind verrät mir:

Wer flüstert, der lügt,
wer schweigt, der betrügt,
wer fühlt, der berührt,
wer wartet, der verliert!

Meine Gedanken wirbeln im Kreis
und ich weiß nicht mehr, was ich weiß,
Lüge und Wahrheit lagen so nah,
dass ich sie beide nicht sah!
Ich setzte mich und atmete tief,
mich umhüllte das Meer, während ich schlief,
sanft spielten die Wellen mit meinem Haar,
ich wachte auf und mir wurde klar,
ich hab Sehnsucht nach Dir,
doch der Wind verrät mir:

Wer flüstert, der lügt,
wer schweigt, der betrügt,
wer fühlt, der berührt,
wer wartet, der verliert!

Langsam steh ich auf, muss gehen,
das Meer konnte mich gut verstehen,
mir ist kalt und ich friere,
ich weiß, dass ich Dich nie berühre,
die Sterne zeigten mir Dein Gesicht
und die Sterne lügen nicht!
Sie haben Worte in die Nacht geschrieben
und ich werde sie dafür immer lieben,
denn sie zeigten mir geschwind;
geflüstert hat nur der Wind!

Dein Kreuz am Straßenrand

Lass mir die Erinnerung für immer,
wenn Du gehst,
mach es nicht noch schlimmer,
wenn Du verstehst,
ich bin allein zurück geblieben,
Du bist fort von mir
und ich werde Dich noch lieben,
bist Du auch nicht mehr hier!
Wir waren uns so nah,
wie sonst kein Mensch auf Erden,
jetzt bist Du nicht mehr da
und ich wünschte mir, zu sterben!
Wie konntest Du das tun,
wieso lässt Du mich zurück?
Ich weiß nicht, was nun,
mit Dir ging mein Glück!

Dein Kreuz am Straßenrand,
hat Narben mir gebrannt,
qualvoll und tief,
während ich schlief,
ging Dein Leben vorbei
und mein Herz brach entzwei!

Meine Liebe vergeht nie,
der Tod ist nicht stärker,
ich gehe in die Knie
und weiß, mein Leben wird härter!
Deine letzte Berührung
brennt noch auf meiner Haut,
Deine letzte Verführung
war mir so vertraut!
Du und ich war für die Ewigkeit,
ich war für Dich bestimmt,
wir hatten sie, die Ehrlichkeit,
fragten nicht, welches Ende das nimmt!
Lieber Gott, gib mir die Kraft,
um meine Kraft zu geben,
will sagen, wir haben es geschafft,
wir sehen uns im nächsten Leben!

Herz voll Gold

Hab mir gut überlegt, ob ich Dich will
und jeden Gedanken daran, fühlte ich still,
eine große Wärme machte sich breit
und ich wusste, ich bin bereit!
Ich möchte Dir so viel Liebe geben,
mit Dir ein Stück zum Himmel schweben,
in Deine lachenden Augen sehen
und immer versuchen, Dich zu verstehen!

Ich hab Dich so sehr gewollt
und fühl mein Herz voll Gold,
wollte Dir das Leben schenken,
Deinen Weg ebnen und lenken,
doch jetzt bin ich allein,
denn Du solltest ein Engel sein!

Das Bild, das Dich zeigte, versprach das Glück,
ich wollte aus dieser Zukunft nicht zurück,
war so voll Stolz wie keine Frau,
wusste es vorher schon ganz genau,
malte mir aus Dich im Arm zu halten,
Dich zu wärmen auch im Kalten,
Dir Deine Fehler zu verzeihen
und immer für Dich da zu sein!

Ich hab Dich so sehr gewollt
und fühl mein Herz voll Gold,
wollte Dir das Leben schenken,
Deinen Weg ebnen und lenken,
doch jetzt bin ich allein,
denn Du solltest ein Engel sein!

La Graciosa

Siebenhundert Bewohner leben täglich Deinen Traum,
wenige Quadratkilometer geben Dir dafür Raum,
von „Orzola" kommt man per Fähre hierher
und Dich zu lieben, ist nicht schwer!
Es riecht nach Zigarren und des Fischers Fang,
der Wind taucht alles in seinen Klang,
in „Caleta de Sebo" trink ich meinen Wein
und könnte nicht glücklicher sein!

Perle der Kanarischen Inseln,
im Atlantik liegst Du,
wenn ich von Dir träume,
mache ich die Augen zu!
Ruhe und Einsamkeit finde ich auf Dir,
bitte nimm niemals den Zauber von mir!

Manchmal steig ich auf den „Montana Bermeja",
der Ausblick auf „Las Couchas" ist so tief und klar,
naturbelassene Strände spüren meine Füße,
ich umarme die Wellen, sende Dir Grüße!
Sonnenstand und Bewölkung tauchen alles in Farben ein,
sandig-erdige Töne in rot-grün bringen Leben rein
und der „El Rio" bringt mich wieder zurück,
ich spüre warmes, ehrliches Glück!

Perle der Kanarischen Inseln,
im Atlantik liegst Du,
wenn ich von Dir träume,
mache ich die Augen zu!
Ruhe und Einsamkeit finde ich auf Dir,
bitte nimm niemals den Zauber von mir!

Ich wünsche mir den Traum zurück

Es wurde dunkel, die Nacht begann,
ich schloss die Augen, fing zu träumen an,
ein fremder Ort, eine andere Zeit,
Du warst da, so nah und so weit,
ich wollte zu Dir, Dich berühren,
ich würde Dich so gern verführen,
dann streck ich die Hand aus, greife nach Dir,
doch Licht und Schatten spielen mit mir,
klirrend wie Glas zerspringt Dein Bild,
mein Herz klopft so laut und so wild!

Ich wünsche mir den Traum zurück,
den Ort, die Zeit, den Augenblick,
denn wo ich Dir begegnet bin,
da gehört mein Herz auch hin!
Der Traum von Dir war wunderschön,
bitte lass ihn nicht vom Wind verwehen,
denn ich liebe Dich!

Traurig lege ich mich nieder,
doch so sehe ich Dich wieder,
Dein Lächeln, Deine Hände, Deine Augen,
zaubern mir Mut und schenken Glauben,
ich hab so was noch nie gespürt,
das jemand so mein Herz berührt
und ich friere bis tief unter die Haut,
hab noch nie jemandem blind vertraut,
doch allein für eine Nacht mit Dir,
war meine Zeit lebenswert hier!

Ich wünsche mir den Traum zurück,
den Ort, die Zeit, den Augenblick,
denn wo ich Dir begegnet bin,
da gehört mein Herz auch hin!
Der Traum von Dir war wunderschön,
bitte lass ihn nicht vom Wind verwehen,
denn ich liebe Dich!

Seit ich Dich in meinem Traum so sah,
war von Anfang an schon klar,
dass Du die große Liebe bist
und viel zu lang hab ich Dich vermisst!

Weck mich auf!

Der letzte Tanz

Er sah sie und es war um ihn geschehen,
er konnte niemals wieder umdrehen,
er musste sie lieben und bei ihr sein,
erst sagte sie „Ja", dann sagte sie „Nein",
er sah die Tränen in ihren Augen
und konnte es kaum glauben,
was sie ihm dann leise sagte,
blieb wahr, auch wenn er fragte!
Ihre Liebe gehörte einem anderen Mann,
doch bei ihm fing ihr Herz zu brennen an,
sie wollte ihn und durfte nicht,
das war wie ein Schlag ins Gesicht,
er trat hervor aus der Sonnenmitte
und sagte: „Ich hab noch eine letzte Bitte!

Trete ihm in weiß gegenüber,
ich schau dann nicht zu Dir rüber,
versprich ihm Treue und Liebe allezeit
und halte seinen Ring bereit,
küss ihn, halt ihn, genieß Dein Glück
und blick nicht einmal nur zu mir zurück,
ich werde danach für immer verletzbar sein,
doch der letzte Tanz gehört mir allein!"

Sie nickte kurz, dachte, warum nicht,
Liebe hat ein schönes und trauriges Gesicht,
dann ging sie um sich umzuziehen,
heute Nacht sollten die Sterne verglühen!
Sie stand vor ihm und sagte: „Ich will!",
alle Gäste waren seltsam still,

sahen, dass sie Mann und Frau jetzt sind,
doch viel zu kühl wehte der Wind,
sie erkannten nicht, da war jemand dabei,
der wünschte, sie wäre für ihn frei
und das blanker Hass, Wut in seinen Augen war,
wurde ihr in dem Moment nicht klar!
Der Abend kam, das Tanzen begann,
als sie sich an seine Worte entsann:

Trete ihm in weiß gegenüber,
ich schau dann nicht zu Dir rüber,
versprich ihm Treue und Liebe allezeit
und halte seinen Ring bereit,
küss ihn, halt ihn, genieß Dein Glück
und blick nicht einmal nur zu mir zurück,
ich werde danach für immer verletzbar sein,
doch der letzte Tanz gehört mir allein!"

Ihre Augen suchten ihn im Raum,
vor Musik, Nebel, Menschen sah sie ihn kaum,
die Nacht verblasste, der Morgen wurde grau,
als sie ihn tanzen sah, mit einer anderen Frau
und sie hätte ahnen müssen,
traue niemals diesen Küssen!
Er sah zu ihr und sein Lächeln war kalt,
dann entführte er sie mit roher Gewalt,
er brachte sie fort, weit fort
und sprach dann sein Abschiedswort:
„Wenn ich Dich nicht haben kann,
dann auch kein anderer Mann!"

Und die Nacht wird schweigen

Gefühle für Dich gibt es nicht mehr,
alles viel zu weit und lange her,
Du hast mir so weh getan,
wie nie zuvor ein Mann!
Ich wollte Dich niemals wiedersehen,
ich wollte es nicht verstehen,
doch unsere Wege kreuzten sich
und was ich mal empfand für Dich,
war auf einmal wieder da
und Du warst mir so nah!

Und die Nacht wird schweigen,
wenn sich Herzen neu berühren,
Feen tanzen einen Reigen
und ich werde Dich verführen!
Lieb mich heute Nacht,
Du musst einfach bleiben,
ich benutze meine Macht
und die Nacht wird schweigen!

Ich halt Dich fest, ganz fest,
zerwühlte Laken erzählen den Rest,
„Verzeih mir!", flüsterst Du
und ich mach die Augen zu,
danke Dir, dass Du mich glücklich machst,
freu mich, wenn Du glücklich lachst!
„Ich war so dumm, als ich zu ihr ging,
denn Du bekommst den Ring,
Dich liebe ich von ganzem Herzen,
verzeih mir, Deine Schmerzen!"

Und die Nacht wird schweigen,
wenn sich Herzen neu berühren,
Feen tanzen einen Reigen
und ich werde Dich verführen!
Lieb mich heute Nacht,
Du musst einfach bleiben,
ich benutze meine Macht
und die Nacht wird schweigen!

Hast Du gewusst, was ich wirklich wollte von Dir?
Nur um süße Rache ging es mir!
Denn jetzt hast Du das Nachsehen
und ich werde einfach gehen!

Arrivederci Amor

Tanz mit mir im Wind,
weil wir viel schneller sind,
fühl den Regen auf der Haut,
weil er wie Schnee so taut,
fang den Augenblick voll Glück,
weil alles vorwärts geht, nie zurück,
„Bleib bei mir!", sag ich noch zu Dir,
Du drehst Dich um, sagst zu mir:

„Arrivederci Amor,
Du bist schuld, dass ich mein Herz verlor,
Arrivederci und Ciao,
meine Augen waren niemals blau,
Du hast ebend keinen Engel gesehen,
ich bin der Teufel, Du musst verstehen!"

Und der Teufel kennt ja keine Liebe,
Deine Worte schmerzen wie tausend Hiebe,
warum erscheinst Du dann in Menschengestalt,
machst Du niemals vor den Lügen halt?
Verschwinde, geh doch, es war gar nicht schön
und ich will Dich auch nie wiedersehen,
denn alles was bleibt in mir,
sind die letzten Worte von Dir:

„Arrivederci Amor!"

Zimmer 117

Einmal im Jahr brauch ich diese Zeit,
Zeit, die mich von allem befreit,
will auf diese Insel und ans Meer,
ein Jahr ist ganz schön lange her,
die Reise dauert, der Weg ist mein Ziel,
das Leben spielt mit mir sein Spiel,
der Koffer ist schwer, im Gepäck die Einsamkeit,
doch ich will diese Tage, bin zu allem bereit!

Ich hätt gern Zimmer 117,
ich brauch den Blick auf's Meer
und ich wär gern geblieben,
ein paar Tage oder ein paar mehr!

Frühstück im Bett und ewige Stille,
niemand zum Reden, doch das war mein Wille,
Luft zum Atmen, ich fühl mich frei
und doch ist dieser Schmerz dabei,
dieses Mal bin ich hier um zu vergessen,
Gedanken an Dich haben mich besessen,
doch Dich gibt's nicht mehr in meiner Welt
und für mich nicht viel, was noch zählt!

Drei Schlüssel

Ein junger Mann zog in den Krieg,
im Gepäck hatte er den Sieg,
seiner Liebsten schenkte er ein kleines Herz,
wollte ihn so lindern, den Schmerz
und sagte unter Tränen dann;
„Öffne das Amulett, irgendwann!
Wenn Du mich zu sehr vermisst
und bevor Du mich ganz vergisst!"

Die Tage vergingen, die Jahre – wie im Flug,
sie hoffte lange, dann war es genug,
er wird nicht mehr wieder kommen,
sie öffnete das Herz – wie benommen
und fand drei Schlüssel schmal und klein,
wofür, wozu sollten die sein?
Sie nahm den Ersten in die Hand,
las, was da geschrieben stand;

Dieser Schlüssel bringt Dir Glück,
schau nach vorn, niemals zurück,
leb nicht in Vergangenheit,
Du bist jung, nimm Dir Zeit!
Der zweite Schlüssel wird Dich beschützen,
Kriege werden keinem nützen,
trag ihn immer bei Dir,
als kleines Zeichen von mir!

Sie schloss die Augen, Tränen rannen,
Gedanken überschlugen sich, wie Flammen,
beim dritten Schlüssel zitterten ihre Hände,
irgendwann ist alles zu Ende!
„Glaub an die Liebe mit Schlüssel Nummer Drei,
wenn Du das liest, bist Du wieder frei!"
Sie nahm alle drei Schlüssel und ihr war klar,
er wusste damals schon, dass er sie zum letzten Mal
sah!

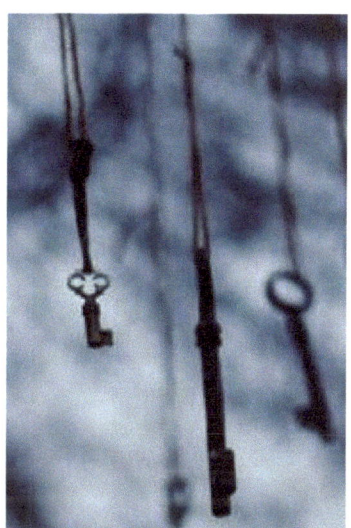

Wie zerbrochenes Glas

Wir kennen uns sehr lange schon,
ich saß immer auf Deinem Thron,
rief ich auch nur leise nach Dir,
kamst Du immer schnell zu mir
und brauchte ich Dich,
warst Du da für mich!
Tränen hast Du weggewischt,
Träume aus dem See gefischt,
Nächte zum Tag gemacht
und immer mit mir gelacht!

Meine Stimme klang wie zerbrochenes Glas,
als ich das erste Mal in Deinen Augen las,
das Freundschaft nicht mehr alles ist
und Du mein Gefühl vermisst!
Doch wie Glas zerbrach Dein Traum,
denn ich floh, durch Zeit und Raum!

Jeden Tag hast Du erhellt,
hast gelebt in meiner Welt,
meine Gedanken geteilt,
immer an meiner Seite verweilt
und doch war mir niemals klar,
das da noch was anderes war,
Du hast die Liebe zu Dir gelassen
und ich kann es heut noch nicht fassen,
dass ich niemals Dein Herz beachtete,
niemals Deine Augen betrachtete!

Meine Stimme klang wie zerbrochenes Glas,
als ich das erste Mal in Deinen Augen las,
dass Freundschaft nicht mehr alles ist
und Du mein Gefühl vermisst!
Doch wie Glas zerbrach Dein Traum,
denn ich floh, durch Zeit und Raum!

Ich weiß, zerbrochenes Glas bleibt immer zerbrochen,
doch ich hab Dir niemals Liebe versprochen!

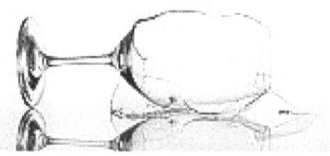

Die unbeantwortete Frage

Wie ein Pirat auf den Sturm gewartet,
wie ein Vogel mit gebrochenem Flügel gestartet,
wie ein Komet verglüht und unendlich weit,
wie ein Reisender immer ohne Zeit,
wie ein Schmetterling im Wind geflogen,
wie ein Wahrsager niemals gelogen!

Alles nur wegen einer unbeantworteten Frage
und ich lüge nicht, wenn ich sage,
das ich Tag und Nacht Dich nicht vergessen kann,
dachte, alles fängt so traumlos an,
nur eine Antwort schuldest Du mir,
warum gibt es nie ein „Wir"?

Wie ein Gespenst im Schloss umher geirrt,
wie ein Regenschauer im Juli alles verwirrt,
wie ein Spiegel der die Zukunft nicht zeigt,
wie ein Star der sich vor Publikum verneigt,
wie ein Zauberer mit magischem Trick,
wie ein Liebender will ich Dich zurück!

Alles nur wegen einer unbeantworteten Frage
und ich lüge nicht, wenn ich sage,
das ich Tag und Nacht Dich nicht vergessen kann,
dachte, alles fängt so traumlos an,
nur eine Antwort schuldest Du mir,
warum gibt es nie ein „Wir"?

Bin verzaubert

Ein Gefühl, wie auf Wolken schweben
und wie warmer Sommerregen,
wie tanzend das Meer begrüßen
und Sand zwischen den Füßen,
wie lachend durch die Nächte zieh'n
und wie Sterne, die verglüh'n,
wie unbeschwert ins Leben tauchen
und wie eine Katze fauchen,
wie ein Hauch von Rosenduft,
so ein Gefühl liegt in der Luft!

Bin verzaubert von Dir
und alles in mir,
will Dich berühren,
zum Lieben verführen,
so nah bei Dir sein
wie der Sonnenschein!

Ein Gefühl von Schwerelosigkeit
und kein Gefühl für Zeit,
doch wie Schmetterlinge im Wind
und wie Adler, die so frei doch sind,
wie verstehen ohne große Worte
und reisen an fremde, schöne Orte,
wie Küsse, die den Atem rauben
und an die große Liebe glauben,
wie ein Hauch von Oleanderduft,
so ein Gefühl liegt in der Luft!

Der Mantel des Schweigens

In einem Bett aus Scherben,
ließt Du mich zurück,
es war, als würd ich sterben,
diese Nacht brachte kein Glück!
Ich wollte Dich so unbedingt,
das ich sehr unachtsam war,
weil die Liebe so schön erklingt
und ich die Wahrheit nicht sah!
Die Wahrheit war bitter und hart,
Du nicht der, für den ich Dich hielt,
alles war mit Lügen gepaart
und übrig blieb nicht viel!

Doch statt wie ein Mann dazu zu stehen,
wolltest Du einfach nur gehen,
ohne mir zu sagen, wer Du bist
und das Dich eine Depression zerfrisst,
stattdessen machtest Du es eigens
und trägst den Mantel des Schweigens!

Ich ahnte nicht, was los ist mit Dir
und bin sehr tief gefallen,
Du hast nicht geredet mit mir,
doch das Echo wird verhallen!
Auch Jahre danach hattest Du keinen Mut,
hüllst Dich lieber in Schweigen,
mir geht es jetzt wieder gut
und Dein Schicksal wird sich zeigen!
Ich hab daraus gelernt,
man muss erst mit sich selber glücklich sein,
sonst ist man meilenweit entfernt,
von Liebe und „reinem Wein"!

Der Clown weint

Der Clown weint
und seine Schminke verläuft,
die Sonne scheint,
doch seine Wangen sind feucht!

Der Zirkus ist sein Leben, seine Welt
und er dachte bis heute, dass ihm das gefällt,
wie ein Vagabund von Stadt zu Stadt,
nein, er hatte es noch niemals satt,
tagsüber schlafen, abends die Show
und das war schon immer so,
das Lachen der Kinder ist unbezahlbar
und die Freude der Menschen spürbar!

Der Clown weint
und seine Schminke verläuft,
die Sonne scheint,
doch seine Wangen sind feucht!

Doch eines Tages war sie da
und er fühlte sich ihr so nah,
er sah in ihre grünen Augen
und wollte an die Liebe glauben,
doch er wusste, sie würde gehen
und er würde sie nie wiedersehen,
sein Herz wurde schwer bei dem Gedanken daran
und der Clown fing zu weinen an!

Endloser Abschied

Ein Tag im Juli bei Sonnenschein,
sollte der Moment der ersten Begegnung sein,
ein steiniger Weg und die Suche vom Ort,
setzte sich mit einer Verwechslung fort,
viele fröhliche Gäste kamen dann
und ein rauschendes Fest begann!
Es wurde gefeiert, getanzt und gelacht,
ein verzaubertes Schloss hat alles so magisch gemacht!

Endloser Abschied,
denn es wurde schon hell,
endloser Abschied,
diese Nacht verging zu schnell,
endloser Abschied,
denn oft passiert das nicht,
endloser Abschied,
zwischen Augenblicken, Mond und Sternenlicht!

Im Dunkeln leuchtete die Stadt,
die Wolken glänzten matt,
zwei Lichter flogen in die Nacht
und haben Träume wahr gemacht,
doch sie war auch viel zu schön,
um einfach so schlafen zu geh' n,
es bot sich ein Bild – wie eine Idylle
und ein einsamer Platz voller Stille!

Endloser Abschied,
denn es wurde schon hell,
endloser Abschied,
diese Nacht verging zu schnell,
endloser Abschied,
denn oft passiert das nicht,
endloser Abschied,
zwischen Augenblicken, Mond und Sternenlicht!

Es war ein Abend so schön wie lange nicht mehr,
doch ich wünsch mir, er wär nicht schon so lange her
und wenn ich die Zeit zurück drehen könnte ...

Je vous trouve très beau

Eine andere Stadt, abends ins Hotel,
dieser Tag verging viel zu schnell,
hab nichts erwartet, da traf mich Dein Blick
und ich lächelte einfach so zurück,
konnte Deine Augen leuchten sehen
und einfach im Vorübergehen,
sagtest Du: „Schenk mir nur einen Tanz
und eine Nacht voll Eleganz!"

Je vous trouve très beau
und ich fühl mich so,
schwindelfrei und wunderbar,
Du kommst mir viel zu nah,
bist süß, wie roter Wein
und ich lasse mich drauf ein!

Und wir tanzten schwerelos und frei,
ein Glücksgefühl – was ist denn schon dabei,
wenn Herzen sich berühren und für einen Augenblick,
spürt man Leben und es gibt kein Zurück,
wir ließen uns führen von dieser Nacht
und sind am Morgen gemeinsam erwacht,
wir gingen durch getrennte Türen
und konnten die Erinnerung spüren!

Herzbeben

Jede Nacht lieg ich im Bett und weine,
ich weine wegen Dir und fühl mich ganz alleine,
denn wissen sollst Du nichts von all den Tränen,
von meiner Liebe, meinem Verlangen, meinem Sehnen!
Sehnsucht nach Dir, die mir so weh tun kann,
Du bist von meiner Freundin der Mann
und Du liebst sie so sehr,
das zu erleben, ist so schwer!
Ich will sie nicht verlieren,
doch Dich jedes Mal berühren
und nur manchmal in einem kleinen Augenblick,
lächelst Du so sanft zurück!

So wie ein Delphin im Meer,
so tauch ich Dir hinterher
und komme niemals an,
weil ich Dich niemals haben kann!
Ohne Meer kann der Delphin nicht sein
und ohne Dich bleib ich allein,
mit Herzbeben!

Dich zu spüren, das wär so schön für mich,
doch ich weiß, ich darf das nicht,
darum hab ich mich entschieden,
mich wieder zu entlieben!
Wenn das doch nur so einfach wär,
per Knopfdruck und das Herz ist leer
und frei von Gefühlen und Herzbeben,
ich will nicht ohne Dich leben!
Doch das werde ich Dir niemals sagen
und sie soll mich niemals fragen,
für wen mein Herz so laut doch schlägt,
wer meine Sinne so erregt!

Wisch die Tränen fort

Seit Stunden warte ich am Telefon,
doch Du rufst mich nicht an,
es ist weit nach Mitternacht schon,
wann ich wohl einschlafen kann?
Die Zeiger der Uhr bewegen sich nicht
und es ist kalt im Zimmer,
seh vor mir nur Dein Gesicht,
niemals war es schlimmer!
Über dem Warten schlief ich wohl ein
und überall bist Du,
dann spür ich, Du kommst herein,
ich lass die Augen zu,
hör wie Du sagst;

„Wisch die Tränen fort,
ich kenn den Zauber-Ort,
der Dich wieder glücklich macht,
so das Dein Lächeln lacht!

Wisch die Tränen fort,
dies ist kein Abschiedswort,
nimm meine Hand, ich zeige Dir,
wie schön es ist mit mir!"

Glücklich reiche ich Dir meine Hand,
will jeden Schmerz vergessen
und Deinen Schatten an der Wand,
will ich niemals mehr vermissen!
Wie auf Wolken schwebe ich,
seit Du zurückgekommen bist,
wie im Rausch verlier ich mich,
weil Dich zu lieben, Wahnsinn ist!
Deine Worte bringen Seligkeit,
mein Herz schlägt schnell und laut,
tauch mit mir in die Ewigkeit,
ich hab Dir eh vertraut
und hör wie Du sagst;

„Wisch die Tränen fort,
ich kenn den Zauber-Ort,
der Dich wieder glücklich macht,
so das Dein Lächeln lacht!

Wisch die Tränen fort,
dies ist kein Abschiedswort,
nimm meine Hand, ich zeige Dir,
wie schön es ist mit mir!"

Alles was mich traurig macht und stört,
ich hab diese Worte nie wirklich gehört!

Nebel über der Stadt

Langsam gleitet der Mond in die Nacht,
hab mal wieder zu viel nachgedacht,
spür die Stille, die alles berührt
und sanft meine Sinne verführt!
Die Sterne wandern durch Dunkelheit,
ich will nach Hause, mein Weg ist noch weit!
Niemand zu hören und zu sehen,
so ganz allein bleib ich stehen,
die Erde schläft, ich küsse den Traum,
atme tief und glaube es kaum,
der Wind ist noch wach, hält mich fest,
der Einzige, der mich nicht verlässt!
Er nimmt mich zärtlich in seinen Arm,
ich fühl mich sicher und mir ist warm,
er bringt mich bis zum Eingang der Stadt,
sie ruht so still, kalt und matt!
Er flüstert noch: „Hier musst Du nun alleine weiter!",
ich ruf: „Hab Dank, mein Wegbegleiter!"
und frag ihn noch: „Warum?",
doch der Wind blieb stumm!

Denn der Nebel hüllt die Stadt tief ein
und niemand will im Nebel sein,
dort sind immer nur Schatten zu erkennen,
vor Angst möchte man rennen,
schemenhaft sind Gestalten zu erahnen
und seinen Weg kann man nicht planen,
es ist leicht den Wind zu verstehen,
denn im Nebel kann niemand sehen!

Mutig setze ich den Weg doch fort,
jede Ecke ist ein fremder Ort,
Äste streifen kalt und unsanft mein Gesicht,
kein Ausweichen möglich, seh sie ja nicht,
finstere Stimmen höre ich überall,
zucke zusammen bei einem lauten Knall,
ich richte verzweifelt den Blick nach oben
und da beginnt der Mond zu toben,
richtet noch mehr Verzweiflung an,
wo das noch alles enden kann?
Meine Füße tragen mich schon schneller,
auch die Laterne leuchtet nicht heller,
zeigt mir kein Ziel im Nachtgewand
und plötzlich bin ich los gerannt!
Wusste gar nicht mehr, wo ich zu Hause bin,
doch da half der sechste Sinn,
magische Hände zogen mich zu einer Tür,
ich kann doch wirklich nichts dafür,
dass ich dachte, ich wär das Menschenkind,
doch in Wirklichkeit war ich der Wind!

Regen auf der Haut

Regen sind die Tränen der Welt,
jede einzelne so sanft zur Erde fällt,
sie berühren mich überall,
ich fühl mich wie im freien Fall!
Wie warme Perlen prickeln Tränen,
sie sind Symbol für all mein Sehnen,
ich sehne mich nach Glück und Liebe,
jemand, der für immer bliebe!

Regen auf der Haut,
warm und so vertraut,
er ist mein Freund für diese Nacht,
weil jeder Stern mich glücklich macht!

Regen sind die Tränen der Welt,
wo jede Spur Geschichten erzählt,
sie laufen auch über mein Gesicht,
doch wie viele sieht man nicht?
Die Nacht schenkt mir Mut,
denn ich fühle, alles wird gut,
niemand muss für immer weinen
und die Sonne kann nicht immer scheinen!

Du bist der beste Anfang, den ich je hatte

Nach langer Zeit mit Schmerz,
erobertest Du mein einsames Herz,
ganz schnell war da so ein Vertrauen
und in die selbe Richtung schauen,
als würden wir uns ewig kennen,
doch Deine Angst sollte uns trennen!

Du bist der beste Anfang, den ich je hatte
und ich fühl mich so wundervoll mit Dir,
unsere Zeiten sind einfach nur schön,
doch mehr willst Du nicht von mir!

Du hast Angst, obwohl Du Liebe willst,
Du lässt es sein, obwohl Du was fühlst,
das alles ist irgendwie nicht zu verstehen,
denn jedes Mal wenn wir uns sehen,
dann knistert es heftig und schwer,
doch wir tun, als wenn nichts wär!

Nie mehr zurück

Alle Uhren bleiben stehen,
ich kann den Weg nicht gehen,
der jetzt so dunkel vor mir liegt
und keine Zeit der Welt genügt,
um zu verstehen, was geschah,
um zu begreifen, es ist wahr!

Ich fühl noch Deine Haut,
hör Deinen Herzschlag, so laut,
Deine Hände auf meinen Wangen
und ein romantisches Verlangen,
alles war Harmonie, alles war Glück,
doch Du kommst nicht mehr zurück!

Jede Sekunde fließt zäh dahin
und ich verliere meinen Lebenssinn,
muss stark sein und weitermachen,
verschwunden ist auch mein Lachen,
bei dem Gedanken an Dich verliere ich Tränen,
warum muss ich mich so nach Dir sehnen?

Gefrorenes Herz

Ich hör wie kleine Regentropfen,
leise an mein Fenster klopfen
und ich denk an Dich,
denn Du fühlst wie ich!
Im hellen Kerzenschein,
schlaf ich wieder ein,
versuche zu vergessen
und bin viel zu vermessen,
weil ich nicht vergessen kann,
der Traum hält viel zu lange an!

Dein Herz ist gefroren in tiefem Eis
und kein Wind weht je so heiß,
dass es wieder schmelzen kann
und so bist Du ein trauriger Mann!

Ich seh wie kleine Sonnenstrahlen,
eine Welt voller Farben malen
und ich denk an Dich,
denn Du fühlst wie ich!
Bin aus Träumen aufgewacht,
es war eine bitterkalte Nacht,
denn Du hast zu viel Angst,
gibst der Liebe keine Chance
und anstatt es einfach zu probieren,
lässt Du Gefühle erfrieren!

Lass doch bitte zu, dass das Eis taut
und spür wieder Liebe auf der Haut!

Barfuß

Ich würde für Dich barfuß übers Feuer gehen,
selbst viele Dornen könnten stehen,
Glasscherben auf dem Weg liegen,
Steine durch die Gegend fliegen,
durch Sturm und Wolken und Wind,
tauche ich zu Dir, geschwind!

Barfuß würde ich die Welt bezwingen,
nur um Dir mein Herz zu bringen,
barfuß würde ich die Hölle lieben,
wenn wir Zwei zusammen blieben,
barfuß würde ich Dir die Sonne stehlen,
denn dann würde mich die Liebe nicht quälen!

Ich würde für Dich barfuß über Steine gehen,
selbst tanzend auf Eisschollen stehen,
Meeresboden und Quallen berühren,
Seeigel und Rochen verführen,
durch Regen und Vulkane und Nacht,
denn Du bist für mich gemacht!

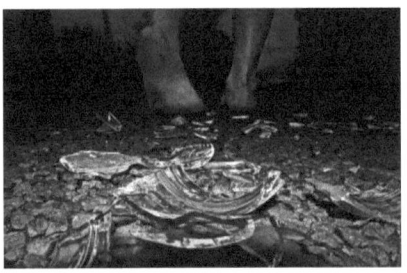

Du bist nicht mehr glücklich

Nach Monaten war alles anders, irgendwie fremd,
als ob man sich plötzlich kaum wirklich kennt,
alles Vertraute brach in tausend Scherben,
es blieb nichts mehr übrig, nichts zu beerben,
die Flammen verglühten in Sturm und Wind
und mit ihr Gefühle, die nicht zu vergleichen sind!

Du bist nicht mehr glücklich,
ich kann's in Deinen Augen sehen,
doch diese Welt dreht sich
und ich muss weiter gehen!

Ich hab Dich verlassen, denn ich habe gespürt,
das dieser Weg ins Nirgendwo führt,
Du warst nicht stark genug für diesen Schritt,
ich ging einen weiter und einen für Dich mit,
verstanden hast Du nicht, dass der Grund die Liebe ist
und das Du sie, genau wie ich, schon lange vermisst!

Der seltene Gast

Du sitzt am Strand, blickst aufs Meer,
vergangenes ist viel zu lange her,
als das es Dir heute noch weh tun kann,
zwar fandest Du nie den richtigen Mann,
hast keine Kinder und kein Geld,
lebst allein in dieser großen Welt!
Du hast Angst wie es weitergeht,
gibt es wirklich niemanden, der zu Dir steht?
Der Job bringt keinen Spaß, raubt nur Zeit
und Du wärst doch zu allem bereit!

Es gibt da jemand, der war viel zu selten Gast bei Dir
und Du wünschst Dir nur, er wär viel, viel öfter hier!
Vielleicht war er ja auch schon öfter da,
doch vielleicht für Dich zu unsichtbar!

Hast Du tatsächlich noch nie Zufriedenheit gespürt
und hat noch niemand Deine Seele berührt?
Haben Dich die kleinen Dinge nie ausgeglichen gemacht
und hast Du noch nie den Sternenhimmel angelacht?
Kennst Du nicht den Duft von blühenden Rosen
und lachende Kinder in bunten Hosen?
Fühltest Du wirklich noch nie Sonne auf der Haut
und hast Du Dich nie zu träumen getraut?
Staunend siehst Du mich jetzt an,
alles Fragen, die man mit „Ja, doch!" beantworten kann!

Es gibt da jemand, der war viel zu selten Gast bei Dir
und Du wünschst Dir nur, er wär viel, viel öfter hier!
Vielleicht war er ja auch schon öfter da,
doch vielleicht für Dich zu unsichtbar!

Sieh nicht nur mit den Augen Dein Leben,
Dein Herz hat viel mehr zu geben
und dann wird Dir auch die Wahrheit klar,
das die Liebe gar nicht so selten war!

Die Liebe hat viele Gesichter … und jeder kennt ein paar davon, viele sind schön, viele tun weh, viele hinterlassen Spuren, viele brennen sich für immer in unseren Erinnerungen ein, viele wollen wir vergessen!

Die Liebe hat viele Geschichten … und jeder kennt ein paar davon, einige können nicht gelebt werden, einige spürt man am eigenen Leib, einige bekommt man erzählt, einige sind unglaublich!

Die Liebe hat viele Worte … und jeder kennt ein paar davon, sie sind schön, sie sind wahr, sie sind gelogen, sie sind rührend, sie sind herzzerreißend, sie tun weh, sie werden öfter gesagt, sie werden nie gesagt!

Zeitfracht Medien GmbH
Ferdinand-Jühlke-Straße 7
99095 Erfurt, Deutschland
produktsicherheit@kolibri360.de